D1700141

ISBN 978-1-332-55336-5
PIBN 10411865

GUIA
DE ARANJUEZ,

SU HISTORIA Y DESCRIPCION, PALACIOS Y JARDINES,
CALLES Y PLAZAS, FUENTES Y EDIFICIOS NOTABLES,
TEMPLOS, FÁBRICAS, FONDAS Y CAFÉS,
Y CUANTO PUEDA INTERESAR AL VIAJERO:

ESCRITA POR

D. FRANCISCO RAMOS PORTILLO

Y

D. RAMON PORTILLO ROLDAN.

PRECIO 2 REALES.

Se halla de venta en las principales librerías y en las Estaciones de Madrid y Aranjuez.

MADRID.—1874.
IMPRENTA DE LA COMP. DE IMPRESORES Y LIBREROS,
Á CARGO DE D. AGUSTIN AVRIAL.

FABRICA DE CHOCOLATES

MOVIDA AL VAPOR,

DE

MATIAS LOPEZ,

CUENTA 25 AÑOS DE EXISTENCIA.

Está premiado en todas las Exposiciones á que ha concurrido, y últimamente en la de Viena con Medalla de Progreso.

Para la elaboracion de los chocolates tiene montada una de las primeras fábricas de Europa, movida al vapor y con máquinas de considerable fuerza. El aumento que de dia en dia viene experimentando demuestra el favor que el público le dispensa; la bondad de sus clases no tiene rival; es la casa que más fabrica y más vende.—*Precios: de 4 á 20 reales libra.*

CAFÉS.

Nadie con más asiduidad é inteligencia prepara este néctar delicioso; véase el tratadito que sobre la utilidad y preparacion del café escribió el Sr. Lopez en 1870. —*Precios: 8, 10 y 16 reales.*

TÉS.

Reune variadas y excelentes clases el Sr. Lopez en su despacho, Puerta del Sol, 13.

Paquetes de una á ocho onzas.—*Precio: de 2 á 5 reales onza.*

SOPAS.

El Sagú, Tapioca y Arrow-root que confecciona el Sr. Lopez, pueden competir en precios y calidad con las más acreditadas del extranjero.—*Precio: á 6, 8 y 14 reales libra.*

1000 puntos de venta en Madrid y 3000 en provincias.

DEPOSITO CENTRAL, PUERTA DEL SOL, 13,

Para los pedidos dirigirse á la Fábrica, Palma Alta, 8

GUIA

DE ARANJUEZ,

SU HISTORIA Y DESCRIPCION, PALACIOS Y JARDINES, CALLES Y PLAZAS, FUENTES Y EDIFICIOS NOTABLES, TEMPLOS, FÁBRICAS, FONDAS Y CAFÉS, Y CUANTO PUEDA INTERESAR AL VIAJERO:

ESCRITA POR

D. FRANCISCO RAMOS PORTILLO

Y

D. RAMON PORTILLO ROLDAN.

PRECIO 2 REALES

Se halla de venta en las principales librerías y en las Estaciones de Madrid y Aranjuez.

MADRID.—1874.
IMPRENTA DE LA COMP. DE IMPRESORES Y LIBREROS,
A CARGO DE D. AGUSTIN AVRIAL.

A orillas del caudaloso Tajo y á pocas leguas de la capital de España, existe un precioso pueblo que bendice y obsequia la naturaleza; un pintoresco pueblo rodeado de jardines, lleno de perfumes y animado por el canto de mil pintados pajarillos; un poético pueblo que se esconde bajo las frondosas ramas de los corpulentos álamos y gigantescos chopos; este pueblo se llama Aranjuez.

No se puede formar idea de las extraordinarias bellezas que Aranjuez encierra, sin haberlas visto.

Excediendo su hermosura á cuanto hermoso puede pintarnos la imaginacion, Aranjuez, orgullo de nacionales, admiracion de extranjeros, y deleite de los que gozan de sus incomparables florestas, arranca una exclamacion á cuantos le dan vista por primera vez, oran lleguen de los áridos campos de la Corte ó abandonen los páramos desnudos de la Mancha. ¡Qué hermoso pueblo! dice encantado el viajero: ¡Qué hermoso pueblo! repiten cuantos le recuerdan.

En este delicioso pensil se miran frente á frente el soberbio y antiguo monumento que nos asombra por su aspecto de antigüedad y por su colosal mérito artístico y el bonito y moderno palacio ó casa de recreo que nos agrada por sus vivos colores, por su elegancia, buen gusto y sencillez; allí se admira la galanura y delicadeza del cultivado jardin de donde sale el más puro aroma qne perfuma el ambiente; alli se escucha á la vez el melodioso canto del ruiseñor y el incesante murmullo de las aguas que marchan rientes dentro de su cauce dejan do en pos de si frescura lozanía y vida; allí se vive tan solo de la agradable y poética existencia de la contemplacion y del amor.

No hay nada que pueda igualarse á la hermosura de esta mansion de portentos, donde los aromas no se acaban, donde las armonías no se extinguen.

Su puro y hermoso cielo, el ambiente perfumado por el hálito de las flores, el murmullo de las aguas que parecen los dulces suspiros del enamorado Tajo, la naturaleza siempre tan hermosa, siempre tan linda, siempre tan engalanada, despiertan en el alma del viajero los sen timientos más elevados, las ideas más sublimes.

En los antiguos monumentos que orgullosos se alzan entre el verde follaje y en cuyas paredes se encuentran señaladas las huellas que en todas las cosas de la vida imprime lenta y paulatinamente ese soberano del universo á que llamamos tiempo, se parece divisar en cada una de sus ennegrecidas piedras una sonrisa del arte antiguo, un tierno saludo de las pasadas generaciones á la generacion presente.

No obstante, Aranjuez no existiría sin el majestuoso Tajo; sin él no podríamos admirar esos árboles gigantes, ni contemplar su vegetacion valiente, ni el verdor perenne de esos campos que pródigo fertiliza: prendado de la hermosura de la espaciosa vega, modera su marcha, y ondulando mansamente entre sus aguas se adormece en la llanura: generoso, se deja sangrar por los costados, prestando sus aguas á raudales, que van á fecundizar la falda de las colinas, y á mantener siempre frescos los confines de la campiña.

En ellas viven en consorcio con las plantas indígenas, el tulipan y la magnolia de Virginia, la sabina de Anahuay y el fresno de Luisiana, el chopo Carolino y el plátano del Canadá; ostentándose galanos lo mismo el cedro robusto del Líbano, que el árbol chino de la vida; el laurel de Ninive y el plátano soberbio de Bizancio, que el pino de Jerusalen y de la Arcadia.

En fin no hay quien al encontrarse en aquel hermoso pueblo, oasis de la Mancha, no se sienta grande, elevado y sublime.

Todo llama á las sagradas puertas del alma; todo toca agradablemente al divino resorte de nuestro espíritu para conducirnos entre suaves melodias á una region más alta aún, más verdadera, más refulgente.

¡Hermoso pueblo! ¡Pensil delicioso!

Terminando y para que el lector pueda formarse una idea más cabal de sus extraordinarias bellezas, copiamos las siguientes octavas reales debidas al inmortal Tapia:

En lo mejor de la feliz España (1),
Do el rio Tajo tercia su corrida
Y con sus cristalinas aguas baña
La tierra entre las tierras escogida,
Está una vega de belleza extrana
Toda de verde yerba entretejida,
Donde natura y arte en competencia
Lo último pusieron de potencia.

Aquí jamás nubloso velo cubre
Del siempre claro cielo el rostro hermoso;
Aquí el tesoro de su luz descubre
Con nuevo resplandor el sol lustroso;
No se conoce aquí desnudo Octubre:
Constantemente es Mayo deleitoso,
Aquí el templado céfiro se anida
Y á cuantos á anidar vienen, convida.

---

(1) No podemos decir otro tanto los que hoy vivimos.

Calle de hoy más la reina belicosa
Sus hermosos jardines tan nombrados,
Alciro, rey de la region dichosa,
Sus huertos sobre todos celebrados;
Y los de Adónis á la Cipria diosa
Por memoria del caso dedicados;
Que cuanto escrito está de otras frescuras
De este octavo milagro son figuras.

Si pudo acá en el bajo mundo darse
Retrato alguno de la empirea esfera,
Este es do siempre, sin jamás mudarse,
Se rie blanda y dulce primavera:
De un tal lugar podría imaginarse
No sin razon, que el Campo Eliseo era
A donde la deidad, antiguamente
Vestía de gloria á la beata gente.

Tambien el malogrado y jóven poeta Don Miguel Portillo y Roldan, cuya primer sonrisa iluminó el trasparente cielo de este hermoso pueblo, entre otras poesias á este dedicadas, nos dejó la siguiente, que por describir con tanta verdad y galanura los portentos todos de Aranjuez nos ha parecido muy de este lugar su reproduccion:

¡Gloria á ti, mansion querida,
La de gracias numerosas,
La de riberas frondosas,
La de campiña florida!

La del trasparente cielo,
La de alegres primaveras,
La de las auras ligeras,
La del alfombrado suelo.
¡Gloria á ti, mansion sublime,
La de poblados rosales,
La de envidiados fresales,
Allá donde el Tajo gime.
La de risueñas auroras,
La de tranquila corriente,
La del vergel floreciente,
La que el *Parnaso* atesoras.
La de sazonado fruto,
La de envidiada grandeza,
La que entre tanta belleza
A *Apolo* rinde tributo!
¡Oh! Aranjuez, poblacion mia,
¿Cómo entre tanto ramaje
No has de rendir homenaje
Al dios de la Poesia?
La de la fértil montana
Y Palacios elegantes
La de los chopos gigantes,
El Campo Eliseo de España.
Donde entre el verde ramaje
Anidan los ruiseñores
Y mil pájaros cantores
De matizado plumaje.
La que del Tajo bañada

Percibes á cada instante
El ruido sordo y constante
De la sonora *Cascada.*
La que en el *Príncipe* ostenta
Juegos mil diversa fuente,
Do la riqueza patente
De otros tiempos se presenta.
Gloria , jardin pintoresco
Depósito de grandeza,
El de tan rara belleza,
El del *Estanque chinesco.*
Gloria, jardin del amor,
Pensil de delicias lleno,
El que encierras en tu seno
La *Casa del Labrador.*
Loor, mi jardin querido
Digno asilo de las musas,
El de las *Montañas rusas*
Y *Laberinto* florido.
Salve, Aranjuez de mi vida,
El del aire embalsamado,
El de claveles sembrado
Y de violeta escondida.
El que mantiene en su suelo
Del *Isla* la lozanía,
El que sus chopos envia
Desde la tierra hasta el cielo.
¡*Isla*! jardin placentero
Con fuentes mil adornado,

El de murallas cercado
Obras de Cárlos tercero.
¡Oh! grato jardin sombrío,
Donde el sol que brilla ardiente
Encuentra dique potente
En la arboleda en Estio.
Loor, mi pueblo querido,
El de las espesas brumas,
El de nevadas espumas
Del manso Tajo y florido.
El de auríferas arenas,
El de apacibles veladas,
El de florestas bañadas
Por luna lenta y serena.
¡Gloria á tí, mansion sublime!
La de poblados rosales,
La de envidiados fresales,
Allá donde el Tajo gime.
¡Gloria á ti, mansion querida,
La de gracias numerosas,
La de riberas frondosas,
La de campina florida!

SITUACION GEOGRÁFICA.—MEDIOS DE COMUNICACION.—IMPORTANCIA HIDROGRÁFICA.—CLIMA.—POBLACION.—CAUSA DE SU ESCASEZ.

SITUACION GEOGRÁFICA.—El término de Aranjuez se extiende por los valles de Jarama y Tajo: su direccion general es de N. E. á S. O· y para acabar de definirla, dirémos de Aranjuez, como punto céntrico, que se halla completamente al S. de Madrid. Su longitud es de 16 segundos de tiempo, al E. del meridiano que pasa por aquel Observatorio astronómico, ó sea en arco, 0°, 4′, 0″. Su latitud, de 40°, 2′ y 30″; y su altitud, ó altura sobre el nivel del mar, de 491 metros, (491,782 zócalo S., puerta principal de la estacion del ferro-carril) admitiendo la de 656 (1) para la planta baja de dicho Observatorio astronómico de Madrid; es

(1) La cota 656 metros sobre el nivel del mar, para la planta baja del Observatorio astronómico de Madrid, es un término medio entre 655 que dan las observaciones barométricas, y el resultado de las nivelaciones geodésicas; admitiendo nosotros 656,352 ínterin se fija definitivamente la que ha de ser.

decir, que Aranjuez está 165 metros más bajo que Madrid.

MEDIOS DE COMUNICACION.—Engarzado Aranjuez en el ferro-carril meridional de España, dista sólo 48 kilómetros de la capital, y estándole tambien unido por carretera y telégrafo, puede decirse de Aranjuez que se halla en fácil contacto con el mundo todo

IMPORTANCIA HIDROGRAFICA.—Al Poniente de esta poblacion, y entre frondosas alamedas, absorbe Tajo á Jarama, despues de haber perdido en él poco ántes Tajuña y Henares sus aguas y sus nombres: es, pues, Aranjuez, el más importante nudo del sistema hidrográfico del Tajo.

CLIMA.—Consecuencia de las circunstancias ántes notadas, es que el clima de Aranjuez sea en la mayor parte del año templado y húmedo, principalmente en las primaveras, cuya fama de amenas y deliciosas excusa toda alabanza.

En este punto sólo diremos con Alvarez Quindós, que «aquí se ve unido el bello temperamento, la alegria y hermosura de sus campos, la fragancia de sus flores y el delicado gusto de sus abundantes y extraordinarios frutos; que haciendo alarde de su poder la naturaleza, con poca ayuda del arte, produce de todo, con tanta abundancia, anticipacion y bondad, que no se registra paraje alguno desnudo y que no crie las mejores plantas y yer-

»bas, ya para el servicio y uso de los hombres
»y ya para pasto de los ganados, ofreciendo es-
»pontaneamente los mayores tesoros que ha
»descubierto la medicina en el reino vegetal,
»de que por nuestra inaccion (aunque cause
»rubor el confesarlo), no sabemos hacer los
»buenos usos que se pudiera, perdiéndose sus
»grandes bienes y mayores utilidades. La mu-
»cha y singular sálvia, de que hay tanta abun-
»dancia, y que los extranjeros alaban mucho,
»prefiriéndola al té de Inglaterra y al café de
»Francia, se deja para pasto de los ganados y
»fomento de los hornos. El odorifero romero,
»la madre-selva, el cantueso, el jacinto y otras
»más, son aqui comunes. El taray, el fresno, la
»rubia para tintes, y el carrizo ó cañota de que
»usaren los romanos para escribir y dibujar,
»como se ve en Marcial, libro X, epigrama 69,
»se producen con grandísima abundancia, y por
»esta causa no se aprecia. Cuanto se planta en
»sus jardines, traido de distintos y apartados
»climas, prende, se cria y produce.»

POBLACION. CAUSA DE SU ESCASEZ. La poblacion de Aranjuez, segun el último censo,
es de 6,788 almas, y como naturalmente ha de
extrañarse que un territorio tan fértil, al par
que vasto, esté tan despoblado, es fuerza ex-
plicar este hecho, teniendo que recordar para
ello varios datos concernientes á la localidad.

A tal extremo llegó el rigor contra la estancia aquí de las personas, que en la primera Ordenanza que dió Felipe II para gobierno del Sitio, prohibió que se avecindasen en él otros que los empleados y criados que establecía la misma Instruccion, é impidió tambien que nadie fabricase casa en Aranjuez. Felipe III, en Julio de 1617, mandó que no hubiese más gente que la empleada en el servicio del Rey y las viudas de criados, y que saliesen todas las que no fuesen de esta clase. En Abril de 1681 se reiteraron las órdenes de que no se permitiesen en el Sitio personas vagabundas y que no fueran de las familias que servían á S. M., aunque se les agregasen, no teniendo justo título, decretando lo mismo en 1722 Felipe V; volviendo á encargarse de nuevo que no se permitiera vecindad ni asiento á nadie, y reproduciéndolo en 1748, por observarse alguna lenidad.

La consecuencia natural de tales prescripciones, que hacían de estos bosques un sagrado impenetrable, fué que la caza mayor y menor se desarrolló en fabulosa escala, atraída por la frescura y seguridad que la brindaban las márgenes del Tajo, mientras la poblacion permanecía estacionaria, siendo de unas 600 almas.

BREVES APUNTES HISTORICOS.

El origen de Aranjuez se pierde en la noche de los tiempos. Créese que los primeros moradores fueran los hebreos que Nabucodonosor condujo cuando vino á España. Para esto se fundan los historiadores en que *Toledotch* en la lengua de Isaías significa *familia ó linajes*, y en que Yepes, Maqueda, Noves, Aceca y Escalona, nombres de poblaciones cercanas á Aranjuez corresponden á las palabras de *Jope*, *Magodon*, *Nove*, *Aceca* y *Ascalon*.

Entre las diferentes hipótesis que se han hecho sobre los primeros pobladores de Aranjuez, consideramos nosotros como la más exacta la que concede esta gracia á los Cartagineses. Está perfectamente comprobado que Aranjuez fué teatro sangriento de la memorable batalla que Polibio y Tito Livio narran, y en la que el valor de los Carpetanos unidos á los Vacceos en número de cien mil, fue impotente á la estratagema de Anibal que preparó un año despues la ruina de la inmortal Sagunto. Esto se justifica con algunos nombres que se conservan y con multitud de cascos y armas de aquella época encontrados en la zona que hoy ocupa el jardin del Príncipe y en los sitios cercanos á la Parroquia de Alpajés. Cuando se abrieron las zanjas para la construccion de los cuarteles que hoy ocupan el raso de la Estrella, halláronse infinidad de monedas romanas de diversos Emperadores y algunas medallas acuñadas en honor de ciertos Procónsules, lo que tambien parece demostrar la dominacion romana.

La existencia de la próxima ciudad de *Orelia*, hoy Oreja, senora del territorio y llave por su fortaleza y posicion del reino de Toledo, y el hallazgo de monedas árabes, demuestran tambien la dominacion agarena en tiempo de Alfonso VI, á cuyo poder pasó esta comarca en union de *Ocanna*, hoy Ocaña, Orelia, y otras cinco poblaciones que al casar con Zayda dicho rey recibió por vía de dote del Emir de Sevilla Eb n-Abed, padre de su esposa.

Poca importancia pudo tener en aquellos tiempos este sitio llamado por entonces Aranz, alterado su nombre por la pronunciacion árabe en los de *Aranzuet*, *Aranzuel*, y *Aranzueje* y en Aranjuez por último en el siglo XV cuando por espacio de mucho tiempo fué teatro constante de sangrientas batallas.

Orelia, que pasó al poder agareno, nuevamente fué recobrada por Fernan Ruiz Minaya, á quien el fatigado Alonso entregó el mando de sus huestes, pero perdióse de nuevo en 1113, muerto ya el temido Emperador.

Despues del largo interregno de 26 años fué

recobrada la citada ciudad de Orelia por Alfonso VII, habiendo menester para ello de un cerco que duró por espacio de siete meses.

A fin de que aumentase la poblacion de Orelia y se defendiese mejor otorgóla el rey en 1177 un término dilatadísimo, incluso el de Aranz. Asi, pues, la historia de la importante ciudad de aquellos tiempos de la memorable Orelia, es la historia de Aranjuez, su pequeño tributario. La grandeza de aquella ciudad que desapareció entre el polvo de lo pasado, se encuentra patente en la cordillera de montes que guarecen á la pobre y humilde villa de Oreja y en los restos ruinosos de sus formidables castillos.

Temeroso Alfonso VIII, llamado el Noble, de que estos territorios cayeran en poder de los sarracenos, trató de asegurarlos donándolos con este objeto á la Orden de Santiago y en representacion de esta á su fundador y primer Maestre, como premio de los servicios prestados contra los moros. Asi entró la Orden de Santiago á ser dueña y señora de Aranjuez por hallarse este comprendido en la concesion de Orelia.

Es muy probable que el antiguo Aranz estuviese edificado sobre los montes que se levantan á la parte Sur de la poblacion; pero de lo que no hay duda es que en la época de la invasion sarracena, se encontrara en el llano llamado de la Estrella.

A pesar de la particular atencion que en todos los tiempos merecieron los fértiles campos de Aranjuez, es lo cierto que su vecindario fué siempre limitado, y hasta hubo épocas en que se halló despoblado.

Mas encantados al fin los Gran-Maestres de la Orden de Santiago de las bellezas de Aranjuez, tan abundante en caza y pesca y tan apropósito para descansar de las fatigas de la guerra, le destinaron á Mesa-Maestral, es decir, á renta de los Maestres.

El renombrado Figueroa, Gran Maestre de la repetida Orden y tronco de las casas de Feria é Infantado, levantó en 1387 un palacio de fábrica excelente de cantería y ladrillo, y esto fué el principio de las grandezas del sitio por el cariño que despues le cobró doña Isabel I cuando en vida de su hermano moraba en Yepes, villa de su privado patrimonio.

En 1487 pasó Aranjuez al dominio de la Corona de Castilla en virtud de la previsora medida tomada por Isabel la Católica incorporando al patrimonio real los bienes que constituian las Ordenes militares de Calatrava, Santiago y Alcántara, acabando asi con los poderes feudales y de todas las agrupaciones que eran constante amenaza para la corona, á la cual se imponian en muchos casos, oscureciendo su brillo.

No tardó Isabel I en mejorar el palacio construido por el Maestre Figueroa, y en arreglar la isla formada por el Tajo que dividia su corriente en dos cauces para unirse de nuevo á poca distancia del indicado palacio.

Afortunadamente para Aranjuez, Cárlos I, sucesor de los Reyes Católicos, no gustó menos de sus atractivos, y asi que hubo trasladado á Madrid la Córte eligió á Aranjuez para su recreo y retiro destinando á caza la dehesa, la cual agrandó con terrenos procedentes de las Ordenes unos y otros de particulares y pueblos, adquiridos por compras ó permutas, llegando á contar el real bosque veinte leguas de circuito que aumentó despues Felipe II.

No creemos necesario extendernos más en estos detalles históricos, porque al describir el palacio, jardines, casa del Labrador y las demas bellezas que encierra Aranjuez harémos la historia correspondiente á cada una de ellas, y entónces se verá lo que adelantó el indicado pueblo en los diferentes reinados despues del de Felipe II.

Réstanos decir por último que la revolucion de Setiembre, que varió por completo la faz de nuestra desdichada España, varió tambien la condicion de Aranjuez, que hasta esa época era sólo un sitio de solaz que no tenia ni aún la categoría de pueblo. El Gobierno nacido al calor de la revolucion ordenó se incautara la Hacienda de todos los bienes que constituían el real patrimonio, reservando al monarca los grandiosos jardines, el palacio y algunos otros bienes de ménos importancia. Poco tiempo despues se procedió á la enajenacion en pública subasta de todo cuanto quedaba al amparo del Estado, y que hoy pertenece en su totalidad al dominio particular.

PALACIO,

SU HISTORIA Y DESCRIPCION.

Antes que los jardines y demas cosas notables, debemos comenzar la descripcion del Si tio por el bellísimo palacio real, que ha sustituido al que ni la protectora de Colon, ni el Emperador Cárlos V de Alemania, juzgaron indigno de sus personas. Tampoco lo fué de la de Felipe II, pero insuficiente para su numerosa familia, comenzó el actual en 1561 al lado del otro, bajo el plan del arquitecto inmortal que hizo venir de Roma para perpetuar junto al Escorial el recuerdo de la batalla de San Quintin el dia de san Lorenzo, y con ayuda del no ménos famoso Herrera, autores ambos del monasterio indicado. Obra este palacio de Juan Bautista de Toledo, ni su entónces segundo Herrera, ni sus sucesores, incluso el célebre ingeniero Sabatini, se han permitido alterar el primitivo proyecto del delineador de Miguel Angel.

Alzase al lado del jardin florido
Con cuatro hermosas frentes una casa
Que nunca el sol su semejante ha herido:
Del alto chapitel hasta la basa
Ninguna imperfeccion hallarse puede
Si el gran Vitrubio vuelve y la compasa.
(Argensola.)

Antes que la estancia real, Felipe II hizo labrar la capilla pública.

En 1727 Felipe V hizo derribar por ruinoso el palacio antiguo en que se alojaba la servidumbre, aumentando el nuevo y construyendo la escalera, cuyas grandes luces, magnífica bóveda y perspectiva son tan celebrados. De su tiempo es tambien la presa, el jardin del parterre, el puente de piedra que da paso al jardin de la Isla, y parte de la muralla del Tajo para la formacion de la plaza de la fachada principal.

Mucho tambien hizo Fernando VI restaurando el edificio, que se incendió, ménos las paredes exteriores y bóvedas, en 1748; y á la vista está el ensanche que recibió de su sucesor el buen rey D. Cárlos III en las dos alas que agregó á los extremos de la fachada principal.

Al Norte engalanado con el jardin de la Isla;

con el lindo parterre al Oriente, de flores y surtidores abundantes; al medio dia con la plazuela de las Parejas; y con el raso de la Estrella y la estacion del camino de hierro al Poniente, no pudo ser más feliz la eleccion de su asiento.

Bien se mire el palacio desde las numerosas calles de corpulentos árboles que á él abocan, ó cuando repentinamente se presenta al pasar el puente colgado ó al salir de la estacion del ferro-carril, se ve que lo mismo tiene el aspecto severo de un monasterio, como el alegre que conviene á un alcázar entre frondosos vergeles.

Describir el efecto que causa construccion tan elegante, de otras construcciones elegantes rodeada, bañada por el Tajo, y acariciada por una vegetacion tropical, fuera describir el paraiso.

Es tan grato el color de la piedra de colmenar de que son los zócalos, ángulos, cornisas y marcos del balconaje, y contrasta tan lindamente el del ladrillo abramilado que forma el fondo de los lienzos con el verde follaje repetido por las aguas, que rara vez se conseguirá en el mundo un edificio tan suntuoso y perfecto en medio de una escena tan bella y animada. Sus dos cúpulas elevadas é iguales, su cubierta flamenca de plomo, la rica labor de sus rejas y sus bellos remates, le dan un realce extraordinario, y sobre todo, lo imponente de su masa que por si sola es una ventaja cuando guardándose con tanta exactitud las reglas del arte, fenómeno raro en adiciones ejecutadas en tiempos v por artífices distintos, puede asegurarse que nada ha perdido en gracia, aventajando no poco en majestad.

Tres estatuas de piedra coronan la fachada principal, que representan otros tantos soberanos que han contribuido á la formacion del Palacio, á saber: Felipe II, Felipe V y Fernando VI, este en medio y el segundo á la derecha, con las siguientes inscripciones:

PHILIPPUS II INSTITUIT:
PHILIPPUS V PROVEXIT:
FERDINANDUS VI PIUS FELIX
CONSUMMAVIT ANNO MDCCLII.

Las alas estan coronadas en su centro de trofeos militares semejantes á los de la puerta de Alcalá, sobre unos frontispicios, y debajo repetida la inscripcion siguiente:

CAROLUS III ADJECIT.

con la sola variacion del año, que es en la del Norte 1775 y 1778 en la del Mediodía

La fachada principal al Poniente forma con las alas una plaza cuadrada que se llama de la

Parada, la cual habia de cerrar una elegante verja de hierro con tres magnificas puertas.

Se nos olvidaba decir que la entrada para ver palacio es por la galeria de la plaza de las Parejas, pasada la puerta de hierro del jardinito de las Estatuas.

No detallarémos el interior. Bástanos á nuestro propósito dar una idea del agrado y deleite de esta mansion; serémos breves, toda vez que de su mérito se habrá concebido idea suficiente con la mencion de los artistas que dirigieron su fábrica; ni seria posible, aunque fuera enojosa é inútil su descripcion minuciosa.

Los muebles que hoy adornan las habitaciones, podrán ser de gran mérito y valor, y su lista circunstanciada gustaría á un prendero, ó á un aldeano; pero á personas de regular posicion acostumbradas á ver cosas mejores, y á no asombrarse de todo, sería cansado y fasti dioso.

El palacio tiene salas espaciosas en luces abundantes. Sus techos, de Giacinto y Amiconi, de Maella v Velazquez, y algunos de Bayen, corresponden al justo renombre de los pintores mencionados. Sus lienzos, en otro tiempo numerosos, se ostentan hoy en el palacio de Madrid y el Museo.

Parte de los cuadros son retratos, debidos al pincel de Mengs, Bonito, Jordan y otros.

El gabinete titulado de China es notable, y el viajero debe fijarse en sus adornos: está situado en el ángulo Nordeste y más saliente de palacio donde se siente el ruido de dos cascadas, gozando la vista del más hermoso panorama, pues, desde sus balcones se ve el Parterre y la magnífica fuente de Hércules; el jardin que se titulaba de Isabel II, las calles de la Reina, del Principe y de las Infantas, y á su fin las colinas de las huertas de secano, el Tajo que viene lamiendo el anden curvo que remata el jardin del Principe, y cuyas aguas represadas presentan una superficie tan rasa como el cristal, el puente colgante que se tiene sobre él como un adorno de filigrana, con cuatro estatuas, de monarcas castellanos las de la parte de Madrid, y de Motezuma y Ataliba las otras.

Existen otros gabinetes notables, entre ellos el árabe imitando el de las Dos Hermanas de la Alhambra de Granada.

No nos detenemos en más detalles por no permitirlo la índole de nuestro libro ni su limitada extension, y además porque próximo á publicarse la *Historia de Aranjuez*, debida á la pluma de un vecino de este pueblo, D. Cándido Lopez, que trata con extension todo lo que el referido sitio encierra, á ella pueden acudir los que no se satisfagan con nuestros pequeños é insignificantes apuntes.

PARTERRE.

El parterre está al O. de palacio, cerca del puente colgado y de la carretera de Madrid, la cual pasa por la plaza de S. Antonio, harto espaciosa y bella, rodeada de recientes arbolitos teniendo en su centro la artística y bonita fuente llamada de las Cadenas, en la que se encuentra la estátua de Diana sobre un alto y caprichoso pedestal.

El Parterre está rodeado por un foso que tomando el agua del Tajo circunda al jardin por O. y S., lamiéndole al N. el Tajo, al que detiene un fuerte murallon con balaustrada de hierro.

Hermoséanle varias fuentes ó estanques con figuras en su centro. En primer lugar sobresale el grupo de Hércules y Anteo sobre una pilastra cilindrica. Hércules apoya su cabeza sobre Anteo y desvía la de este, que cae hácia atrás arrojando por la boca, cual si fuera un vómito de sangre, un caño altísimo de agua.

El descubrimiento, viaje y posesion del estrecho de Cádiz, limite creido de la tierra en la antigüedad, está simbolizado por dos elegantes columnas de piedra blanca.

Veinte jarrones decoran sobre bases de piedra esta grande y hermosa fuente circular.

Sigue un gran estanque prolongado á derecha é izquierda, llamado de los Peces, en figura de canasta de caña, llena de flores y sumergida en agua; un grupo de dos nınos sujeta un delfin que despide agua, y otro grupo hay en el centro con un cisne que arroja agua á una altura de cuarenta piés.

Más adelante están los otros dos estanques menores circulares, de igual forma con una nereida cada uno en el centro recostada sobre un dragon. Sus seis surtidores elevan á grande altura el agua, que desciende en menuda lluvia.

JARDIN DE LAS ESTATUAS.

Este pequeño y bonito jardin, situado en el ángulo que forma el mediodia de palacio con la capilla actual, rincon de la derecha del Parterre, fué mandado construir por el rey D. Felipe II.

Tiene una fuentecita en medio de jaspe con un surtidor, varios cuadros de boj, flores y bastantes asientos en la pared de la galería y ornacinas, que contienen diez y seis bustos, algunos de emperadores romanos, de mármol los más.

En el frente del jardin está en una ornacina mavor la estátua de Felipe II, tamano natural, armado de cota v malla con un leoncito empinado en la pierna izquierda. Obra del célebre Leoni, es singular su ejecucion.

A su pié se lee

El rey N. S. D. Felipe IV mandó adornar este jardin con las estatuas que en él hay, siendo gobernador D. Francisco de Brizuela, año 1663.

JARDIN DE LA ISLA.

Pasados los anteriores jardines, se llega al de la Isla, que comienza en la que forma el Tajo, que se desprende ruidosamente por la cascada y la ría que lame los cimientos de palacio por su parte Norte.

Lo primero que se encuentra á la izquierda de la hermosa calle de plátanos que conduce á la huerta del Infante es la fuente de Apolo, que está situada en el centro de una hermosísima plazoleta con asientos, y cubierta completamente por el ramaje de añosos árboles.

Cerca de la referida y linda fuente se encuentra la llamada de Hércules. Es de figura octógona, llamada por esta razon del ochavo; construyóse en 1661 en el lugar que ocupaba la de Diana, obra de Felipe II.

Pasado el burladero empedrado en bandas y con una faja en medio, de piedra blanca, éntrase en una plazuela cuadrada con sus bancos, en la que se encuentra la fuente del reloj. Poco tiene que describir esta fuente de siete surtidores. Redúcese á un estanque pequeño circular, en cuyo borde están esculpidas las horas que marca la sombra de su caño si la excesiva frondosidad que la cubre permitiese al sol llegar hasta allí.

Siguiendo la calle del frente se llegará á poco á otra plaza cuadrada, donde se ve la encantadora fuente de la Espina. Esta es la fuente predilecta de las inspiraciones y la más linda del jardin. Un estanque cuadrado de jaspe, en cuyos ángulos se elevan cuatro columnas corintias de la misma piedra, perfectamente bruñidas con unas harpías ó sirenas de mármol blanco con sus capiteles de lo mismo, que por su pecho y boca arrojan agua; una taza graciosa encima de su pedestal y sentado en ella un niño sacándose una espina del pié izquierdo; tal es la fuente que más agrada, porque es donde más se detienen todos para disfrutar del buen efecto que hacen los elegantes pabelloncitos de los rincones de aquella hermosísima plaza.

Sigue despues la fuente de Venus, llamada tambien de D. Juan de Austria. Toma el primer nombre de la estátua de bronce de esta diosa en actitud de salir del baño enjugándose el cabello; está sobre una rica taza de mármol blanco y encarnado de nueve piés de diámetro; y se le aplica tradicionalmente el nombre segundo por estar hecha de una piedra que tomó aquel valeroso caudillo, hijo de Cárlos I, en el golfo de Lepanto. Cuatro son los bancos de esta plaza cuadrada y cuatro son sus salidas.

Sin abandonar la calle llamada de la Galería, se llegará á la fuente titulada de Baco, que se reduce á una estátua representando al referido dios mitológico mostruosamente gordo, ornada su sien con racimos y pámpanos y una copa en la mano derecha: su actitud es cómica en extremo pues está colocado á caballo en un tonel. La plaza donde está la fuente indicada tiene seis salidas y el mismo número de bancos de piedra.

Derecha hasta aquí la calle de la Galeria, termina en breve en la del Dique alto á orillas del Tajo: la salida primera de la derecha es camino de la Florera, y la segunda de la izquierda sigue con el nombre de la Galería á la fuente de Neptuno: consta esta de cinco grupos de bronce sobre pedestales de mármol; el del centro representa á Neptuno con el tridente cetro de los mares en un carro en forma de concha tirado por caballos marinos, ofreciéndole una diosa una corona. Sujeta una nereida á un caballo, y mira la otra á la diosa; á su alrededor sobre graciosos pedestales están las diosas Cibeles al lado opuesto del de la entrada en una carroza tirada por leones que sujetan dos niños, coronada de un castillo; Ceres al lado de la entrada, sobro un carro igual; Juno á la derecha sobre un pavo real, y Júpiter por último encima del águila sobre el globo que sostienen tres titanes en ademan de lanzar rayos contra los jigantes. Todo es obra esmeradísima del célebre Argardi. Son pequeñas, pero muv correctas, las figuras. Toda la piedra es mármol negro. Tiene cuatro surtidores esta fuente exagonal, tres bancos la plazuela y ocho salidas.

Las tres calles á la derecha de la principal entrada á esta fuente, concluyen en la del Dique alto: la primera de la izquierda, llamada de las Mosquetas, en la del diquecillo orilla de la ría; la segunda por nombre Perdida, acaba en la de las Rodadas: la otra, Canon de la arena fina, en la plazuela del terrado donde acaba tambien la de la Galeria.

Marchando contra la corriente del Tajo por la calle del Dique alto se encuentra la Florera, que consiste en un anchuroso paralelógramo dividido en cuatro cuadros de boj v flores. Un estanque ochavado en figura de canastillo de ca ña con flores adorna el centro. Multitud de flores, plantas y arbustos raros hacen de este sitio un grandioso ramillete. Hay varios asientos donde puede descansarse v disfrutar de su amenidad y hermosura y de un aroma que arroba y deleita el alma.

Saliendo de este hermoso lugar no tardará en llegarse nuevamente á la calle de hermosos plátanos llamada del Dique, la cual conduce á la izquierda á la huerta del Infante y á la derecha al Parterre, v de aqui á la puerta de hierro por donde se entró al jardin.

JARDIN DEL PRINCIPE.

El jardin de la Isla puede llamarse por su grandeza y gusto el jardin de la melancolía y el amor. Pero el jardin del Príncipe, por sus galas y bellezas puede decirse que es una mansion encantada.

El rey Fernando VI mandó construir entre la calle de la Reina y el rio Tajo un precioso embarcadero en forma de pabellon, de cuatro pabelloncitos adornados. Este fué el principio del Jardin del Principe. Cárlos IV, siendo principe de Asturias, mandó formar un lindo jardin al lado del embarcadero expresado, y poniendo despues toda su atencion, ha llegado á la grandeza que hoy tiene.

El Jardin del Principe, empieza en la orilla izquierda del Tajo, subiendo por ella, y pasa de 5 kilómetros su circúito

Tiene su entrada principal en el principio de la calle llamada de la Reina, por un pórtico esbelto, frente á la casa de Godoy. Elévanse sobre dos basamentos de cantería dos grupos de cuatro columnas berroqueñas, con capiteles y un atrevido cornisamento de órden jónico, rematado por unos geniecillos abrazados á un tiesto de flores.

Entrando por la puerta indicada, se ve la ancha calle que se despliega á su frente, llamada del Embarcadero, de chopos de Lombardia, plátanos carolinos y olmos. Al medio está una plaza redonda con ocho jarrones magníficos de piedra blanca figurando variedad de frutas. Al fin de esta calle está el primitivo jardin, y en su centro se levanta una fuente de mármol negro con una Diana de bronce, teniendo una copa en la mano izquierda, y un jarro debajo del brazo derecho.

Este Jardin se divide en tres: jardin de Primavera, Anglo-chino y del Laberinto.

Comienza el primero á la derecha del embarcadero que hemos indicado al principio, y sigue orilla de la verja, paralelo á la calle de la Reina hasta la de Apolo. Frutal y de recreo, se subdivide en tres partes; la primera destinada al cultivo de frutales; la segunda al de flores; y la tercera á jardin con fuentes y burladeros.

El segundo tiene su principio en la derecha

de los pabellones, y circuye al primero, y le limita el Tajo cortándole la calle de Apolo, y terminándole la del Blanco.

La Casa del Labrador la guarnece el tercero,. que le separa del segundo una calle de chopos de Lombardía: calles tortuosas atravie san bosquecillos irregulares, yendo todas á parar á una plazuela circular en cuyo centro estuvo la fuente de Narciso, variada hoy, y que se ve contigua. Si no se ha entrado en este sitio, desde el paseo de la ribera, bien pronto se deja ver la citada fuente.

Sobre una gran taza que sostienen cuatro corpulentos gigantes, se ve á Narciso. Contempla extasiado su hermosura en el agua que tiene á sus piés, y aquel ademan de sorpresa, aquella actitud, aquel rostro en que toda la vida parece asomada á los ojos, aquellos lindísimos brazos en tan excelente posicion, todo es elocuente y sublime, todo contribuye al intento que el artista se propuso, todo, hasta el perro, inmóvil por no distraer á su absorto amo, revela el embeleso y asombro de que está poseido Narciso al ver su hermosa imájen, que las aguas dibujan en su fondo. Muchos son y vistosísimos los juegos de sus aguas, arrojándola fuera del pilon, y sacando de su éxtasis á los viajeros que imitan á Narciso en la contemplacion del líquido cristalino.

Despues de la fuente indicada, Tajo arriba y tomando la calle más ancha, se llega á la fuente de Céres. Es oblongo su estanque y elíptica la plazuela. Consta de tres grupos: el del centro representa á Céres, diosa de la agricultura. Dentro del estanque hay dos grandes canastos de flores sostenidos por tres niños, cuyo precioso trabajo merece detenido exámen.

La fuente del Cisne se halla escondida entre la multitud de calles que salen de la de Céres. Esta fuente, aunque sencilla, causan muy buen efecto sus aguas. Dos tritoncillos de mármol blanco sujetan á un cisne, que alza su cabeza y arroja un caño á diez y siete piés.

Para ver la más bella de las fuentes, la de Apolo, puede seguirse cualquier salida de la del Cisne, porque si se remata en el rio, poco más arriba se distinguirá; si en la calle de la Princesa, por la calle recta continuando aquella se verá la de Apolo, la misma fuente que la preside sacará de dudas, porque no hay que pensar todavía en el *pérfido* Laberinto. La segunda puerta del jardin está á su frente, y desde ella es grandioso el aspecto de esa calle de gigantescos chopos carolinos y lombardos.

El dios de la Poesía y de la Música se levanta majestuoso en un templete de gusto griego y le rodean un medio círculo de seis columnas de mármol blanco, cuyos capiteles sustentan patos despidiendo agua. Pero lo que sin duda llama más la atencion de esta fuente, es su Apolo de mármol blanco, sentado con majestad y gracia en un peñasco, y respirando bellezas desde la cabeza á los piés: la mano izquierda la tiene apoyada en la lira y está descansando sobre el muslo: la diestra en ademán de acompanar el canto de que se siente inspirado.

Hasta estos sitios ha sido fácil guiar al que por primera vez visite vergel tan vasto, mas se dificulta en extremo en la parte que resta. Procuraremos, sin embargo, apartar al viajero del Laberinto, sitio peligroso, donde algunas Ninfas y Narcisos se extravían enganados por el pérfido Cupido.

En el centro del exágono formado por las calles de Apolo, Princesa, Plaza redonda de la calle de la Reina, y otras calles, están el lago, y pabellones griego y chinesco. Tortuosas todas sus avenidas y conduciendo todas á este paraje, puede llegarse á él desde cualquiera de las seis calles que le rodean. Circundada de árboles extraños y de flores, pronto encontrará el viajero una gran laguna irregular, alimentada por el agua que sale de una gruta artificial en una isleta rústica. Alzase sobre un penasco, un obelisco de granito, figurando una aguja egipcia, y sostenido por cuatro bolas de bronce, encima de un basamento de piedra. Un puente á flor de agua, da paso al bello pabellon chinesco, sentado sobre una isleta. Al lado opuesto de este pabellon, sale de las aguas un templete griego de perfecta ejecucion. Cerca, y á la izquierda descuella entre la espesura una montaña artificial dentro de un aromático jardinito. Un cenador en su cúspide obliga á descansar allí, y á tender la vista por el jardin que domina. Atravesando el jardinito se llega á un puente rústico sobre un canal, ya seco y plantado, que circuye un grande recinto de mágica poesía, llamado las Islas Americanas y Asiáticas.

Jardin del Laberinto se llama al que circunda la casa del Labrador, y que se encuentra á poca distancia del sitio arriba reseñado.

Y por fin llegamos al misterioso Laberinto, testigo de tantos secretos; pero no tema el viajero, que nosotros le guiarémos y no se perderá si él no lo desea. El Laberinto lo componen mil y mil encrucijadas, calles que se multiplican y confunden, vueltas y revueltas, plazuelas engañosas, bosques espesos que convidan á descansar; el viajero se aturde al ver que no atina con la salida, y entónces ó bien destrozan sus elegantes vestidos las hermosas, ó magullan sus sombreros los feos al romper por cualquier parte, si es que no piden socorro al guarda de aquella red de follaje. Pero si algo experimentados, toman siempre las calles del medio entrando por la puertecita de la calle de la Reina, paran en la plazoleta y tomando despues en la direccion contraria que han llevado, todas las calles del medio, no tardarán en ver satisfechos la salida á la

CASA DEL LABRADOR.

Alegremente situada, tiene dos alas su frente, unidas con verja de hierro, de tan buena idea y labor, como las hojas de la puerta, formando un patio cuadrado y un paralelógramo el edificio con dos galerias cubiertas. Sobre los pedestales de los terrados, se ven quince bustos antiguos de mármol y doce jarrones grandes de Carrara.

Pero donde brillan con régia pompa las maravillas y prodigios del arte, es en lo interior.

Una pieza baja, pintada al temple por D. Zacarias Velazquez, representa con exactitud las cacerías de Cárlos IV, rodeado de sus monteros y servidumbre; la yeguada, la siega y otras faenas campestres, las ruinas de una casa rústica y bellos paisajes. Suele subirse desde aquí por la escalera antigua de ida y vuelta, de piedra berroqueña, con zancas y peldaños de mármol de Consuegra.

En esta direccion se llega á una pieza, en cuyo lienzo primero se ve á Cárlos IV cazando.

De Maella y Bayen es la bóveda del salon que sigue, el mayor del palacio, simbolizando las cuatro partes del mundo, composicion llena de fuego y de hermoso dibujo.

Se sigue despues á otras piezas adornadas primorosamente, con objetos de gran mérito artístico, y dignos de la atencion y exámen del viajero, que no deberá salir de Aranjuez sin visitar palacio tan lindo.

Por último, la Casa del Labrador se empezó á construir á fines del siglo pasado y se terminó en 1803.

Ya fuera de ella, fácil es salir del jardin del Príncipe, y sin temor á caer en las engañosas redes del Laberinto.

CALLE TITULADA DE LA REINA.

Esta notable calle de gigantescos árboles que enlazan sus ramas formando una larga bóveda de verde follaje, empieza á la derecha de la plaza de La Libertad y á la izquierda del puente colgado: la calle la forman dos hileras de magníficos y soberbios álamos negros por ámbos lados y su extension es de 5 kilómetros próximamente. Está situada entre el jardin y la calle del Príncipe, y conduce á la magnífica posesion que pertenecía ántes al patrimonio, y hoy á la señora viuda del malogrado y valiento general Prim, y que se conoce con el nombre de «El Cortijo.»

Esta calle es un agradable paseo, pues su piso es llano y cómodo, no penetrando el sol por el toldo espeso de verdura que forman los corpulentos árboles; de trecho en trecho hay plazas adornadas con magníficos asientos de piedra, donde el viajero puede descansar y contemplar el jardin de la Isla, al través de la verja de madera que le separa de la calle mencionada.

JARDIN DE ISABEL II.

Este bonito y pequeño jardin, situado en la plaza de S. Antonio ó de la Libertad, se formó con el objeto de conmemorar los sucesos políticos de 1835. Está cercado por una elegante verja de hierro y tiene su principal entrada por la calle de la Gobernacion. En el centro se halló sobre un caprichoso pedestal, la estátua de Isabel II. Bonitos y rústicos asientos le embellecen á la vez que le perfuman multitud de las más variadas flores. Entre lo más notable que este jardincito encierra, pueden contarse los corpulentos álamos que le guarecen del sol que tan abrasador se manifiesta en este pueblo en los meses de estío.

PALACIOS

Y CASAS DE RECREO DE PARTICULARES.

Entre las casas de recreo de particulares se cuenta el elegante palacio del Excmo. Sr. Don José de Salamanca, situado en la calle de San Antonio y en el centro de un precioso jardin.

El Palacio llamado de la Reina madre, se encuentra en uno de los sitios más pintorescos de la poblacion, denominado el Deleite, al final de la calle de Valera que parte de enfrente del Palacio Real. Circunda á este bonito palacio un jardin no terminado, en el cual además de muchas flores se producen las más exquisitas frutas.

Próximo al Palacio de Cristina, se encuentra la Casa de Bayo. Este es el mejor edificio despues del Palacio Real. Tiene tambien jardin: la entrada por la calle de Valera.

Muy notable es tambien el Palacio llamado de Narvaez, inmediato á la estacion del ferro-carril. Tiene jardin y huerta. La que fué reina de Espana, Doña Isabel de Borbon, regaló este Palacio al Sr. Narvaez; pero en los últimos años de su reinado volvió á adquirirlo comprándoselo al citado Sr. Narvaez.

El Sr. Gándara posee tambien un precioso palacio, con jardin y huerta, y ademas los Sres. Condes de Oñate tienen su palacio de recreo, situado en la calle de Camellos, con jardin y huerta.

FÁBRICAS.

La de cristal, hoy paralizada, se encuentra á espaldas de la Iglesia de Alpajés, próxima á la calle de la Reina. En el mismo sitio se encuentra la de jabon, en la que se elabora álcali y en algun tiempo barrilla.

Hay dos fábricas de harinas, una de las cuales cuenta con 22 piedras.

TEMPLOS.

Capilla Real.—Forma parte del Palacio real. El rey Cárlos III la colocó en el sitio que ocupa, utilizando para otros aposentos la antigua capilla que hizo levantar Felipe II, bajo la direccion de Juan Bautista de Toledo. La forma de esta preciosa Capilla es de cruz latina y de órden dórico. Toda ella está adornada de estucos y greca dorada de medio relieve, de excelente gusto, con unos geniecillos que juegan con guirnaldas y colgantes de flores. La media naranja está pintada al fresco por Bayen. En el altar mayor hay una gloria de ángeles que acompañan á dos querubines adorando la Santa Cruz, con que remata el altar mayor, de mármoles con bronces bien trabajados y dorados á fuego. Su cuadro es copia del que regaló á Cárlos I el Ticiano, y que hoy está en el Museo nacional. Los dos altares colaterales están dedicados al misterio de la Concepcion y á S. Antonio de Paula, en cuadros de Maella. Abrióse esta Capilla en 1779. La puerta principal está al Oriente en un paso interior que cae al medio de la fachada de la Plaza de las Parejas.

Parroquia de Ntra. Sra. de las Angustias de Alpajes.—Esta antigua iglesia, ermita que fue de San Márcos, está al fin de la calle del Príncipe. Fue empezada en 1690 por Carlos II, y concluida en 1749 por Fernando VI, á cuvo estreno asistió. Es de órden dórico y su fábrica de piedra y ladrillo tosco. Hace buen efecto desde léjos su elevada torre.

S. Antonio.—Debe á Fernando VI su fundacion. Es ovalada su forma: su pórtico de cinco arcos sobre cinco gradas, con pilastras de órden dórico, remata en cuatro pirámides que acompañan á la media naranja que es de bastante altura. Tiene tres entradas: por la Plaza de la Libertad, por la Carrera de Andalucia y por la calle de la Florida.

Convento de S. Pascual.—Fué comenzado en 1765, bajo la direccion de Sabatini. Es de órden dórico con cuatro columnas y pilastras en el primer cuerpo, frontispicio en el centro y escudo de armas reales en el segundo cuerpo: y á los lados dos torrecitas de hierro. Era necesario contar con mucho espacio para consignar las vicisitudes de este histórico convento.

CALLES Y PLAZAS.

Para mejor inteligencia damos á continuacion el siguiente cuadrito:

CALLES.	ENTRADA.	SALIDA.
Valera.	P. Parejas.	Deleite.
Florida.	P. Libertad.	»
Carrera de Andalucía	Id.	Parnaso.
Postas.	S. Antonio.	P. de Toros.
Stuart.	Infantas.	Id.
Almíbar.	Id.	Id.
Capitan.	Príncipe.	Id.
Rey.	Id.	Id.
Montesinos.	Reina.	Abastos.
Foso.	Alpajés.	S. Pascual.
Santa Lucía.	Abastos.	Id.
Vidriado.	Id.	P. de Toros.
Gobernacion.	Infantas.	S Antonio.
Príncipe	P. Libertad.	Foso.
Infantas.	Id.	Id.
Lucero.	Valera.	Trinquete.
Libertad.	Capitan.	P. Libertad.
S Antonio.	Foso.	Camellos.
Gobernador.	Id.	Valera.
Abastos.	Id.	Florida.
Tasso.	Vidriado.	Capitan.
S. Pascual.	Foso.	Florida.
Naranja.	S. Pascual.	C. de Andalucía

Plazas.—S. Antonio ó Libertad, Mayor y Abastos. La Plaza de la Libertad, es la primera que se encuentra al entrar en el pueblo, viniendo de la estacion. Tiene en su centro la hermosa fuente llamada de las Cadenas, en la que se levanta la estátua de Diana. A su frente la capilla de S. Antonio, á la derecha la casa de oficios, y á la izquierda la de Infantes.—La Plaza Mayor linda con las calles principales, Carrera de Andalucía y Stuart, y con las trasversales de Abastos y del Gobernador, y la atraviesa la de Postas.—La Plaza de Abastos linda con las calles principales del Capitan y del Rey, cocheras de la Reina, y otros edificios.

FONDAS Y CAFÉS.

Hotel de Paris.—Está situado en la carretera de Andalucia é inmediato á la plaza é iglesia de S. Antonio.

Hotel de Embajadores.—(Antiguo de Infantes.) Se halla en la calle de Stuart, núm. 8.

Fonda de Milaneses.—Esta fonda, de justa reputacion, que hace muchos anos posee Don Juan Pastor, se encuentra situada en la calle de las Infantas, núm. 2. Se sirve por lista, siendo el precio de los cubiertos desde 12 rs. en adelante. En esta fonda se hallan hospedajes desde 24 rs.

Restaurant de la Estacion. — Tiene un servicio esmerado y los precios estan nivelados con los demas establecimientos de su clase.

Café de la Union. — Está situado en la calle de S. Antonio, 13, frente al teatro. Los precios de este establecimiento son como los de Madrid.

Café de los Artistas. — Más modesto que el anterior, sin desmerecer en nada el servicio. Está en la misma calle de S. Antonio y tiene entrada por la del Almíbar.

FIN.

FERRO-CARRILES DE MADRID A ZARAGOZA Y A ALICANTE.

VIAJES DE RECREO

DE MADRID A ARANJUEZ.

En el Despacho central, calle de Alcalá, núm 2, y en la estacion de Atocha, se expenderán

TODOS LOS DOMINGOS

desde el dia 12 de Abril hasta el 14 de Junio de 1874, y los dias de la ASCENSION y el CORPUS CHRISTI,

billetes de IDA y VUELTA de **Madrid á Aranjuez**, valederos en el dia de su fecha, á los **precios reducidos** que á continuacion se expresan:

	Precio reducido.		Impuesto para el Tesoro.		TOTAL.
	Rs.	*Cs.*	*Rs.*	*Cs.*	*Reales.*
1.ª clase....	23	81	1	19	25
2.ª clase....	13	33	0	67	14
3.ª clase....	9	52	0	48	10

Los viajeros efectuarán su viaje á la **IDA** por los trenes que **SALEN** de Madrid á las 7 y á las 9 y 40 de la mañana, **REGRESANDO** á Madrid por los trenes que **SALEN** de Aranjuez á las 4 y 20 y á las 7 y 54 de la tarde.

La Administracion del patrimonio que fue de la Corona, ha ofrecido facilitar en las oficinas de aquella dependencia en Aranjuez, mediante el precio de DOS REALES POR PERSONA, papeletas para visitar los jardines y palacio.

Viena 1873.

Medalla de Progreso.

Viena 1873.

Medalla de Mérito.

COMPANIA COLONIAL,

FUNDADA EN 1851.

CHOCOLATES.

En la Exposicion Universal de Viena ha sido premiada la Compañía Colonial con la elevada distincion de MEDALLA DE PROGRESO, por la perfeccion de sus chocolates y la importancia de sus establecimientos.

Bien sabido es que la Compañía Colonial ha sido la fundadora en España de la fabricacion del chocolate al vapor, con aparatos modernos y perfeccionados, elevando este importante ramo alimenticio á la altura de una gran industria nacional.

Con este brillante premio, y el obtenido últimamente en la Exposicion Nacional de Madrid, QUINCE SON LAS MEDALLAS que ha obtenido su Fábrica-Modelo, que confirman una vez más la superioridad de los chocolates de la Compañía Colonial.

CAFÉS MOLIDOS.

Reconocida era hace ya años en toda España y más particularmente en Madrid, la gran superioridad de los CAFÉS MOLIDOS de la Compañía Colonial; sólo les faltaba una solemne sancion, y el gran Jurado de la Exposicion Universal de Viena acaba de dársela, premiándoles con MEDALLA DE MERITO, que es la más alta recompensa concedida á los cafés más afamados de otros países; siendo la Compañía Colonial la única casa Española que en este ramo ha obtenido tan elevada distincion.

DEPOSITO GENERAL Y OFICINAS EN MADRID,

Calle Mayor, 18 y 20.

SUCURSAL, MONTERA, 8.

NOTA. *Los establecimientos de la Compañía estan provistos de toda clase de cajas, cafeteras y teteras para conservar ó preparar el Té y el Café.*

Medalla de Progreso. COMPAÑIA COLONIAL DE MADRID. Medalla de Mérito.

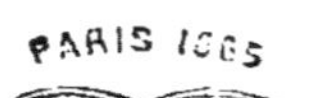

VISTA DE LA FÁBRICA MODELO.

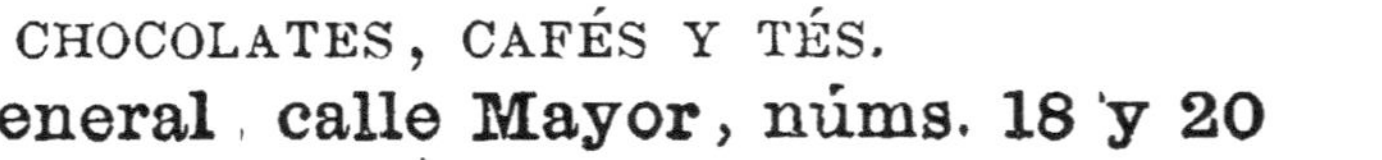

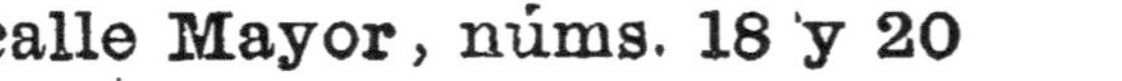

PREMIADA CON QUINCE MEDALLAS,

CHOCOLATES, CAFÉS Y TÉS.

Depósito general, calle Mayor, núms. 18 y 20

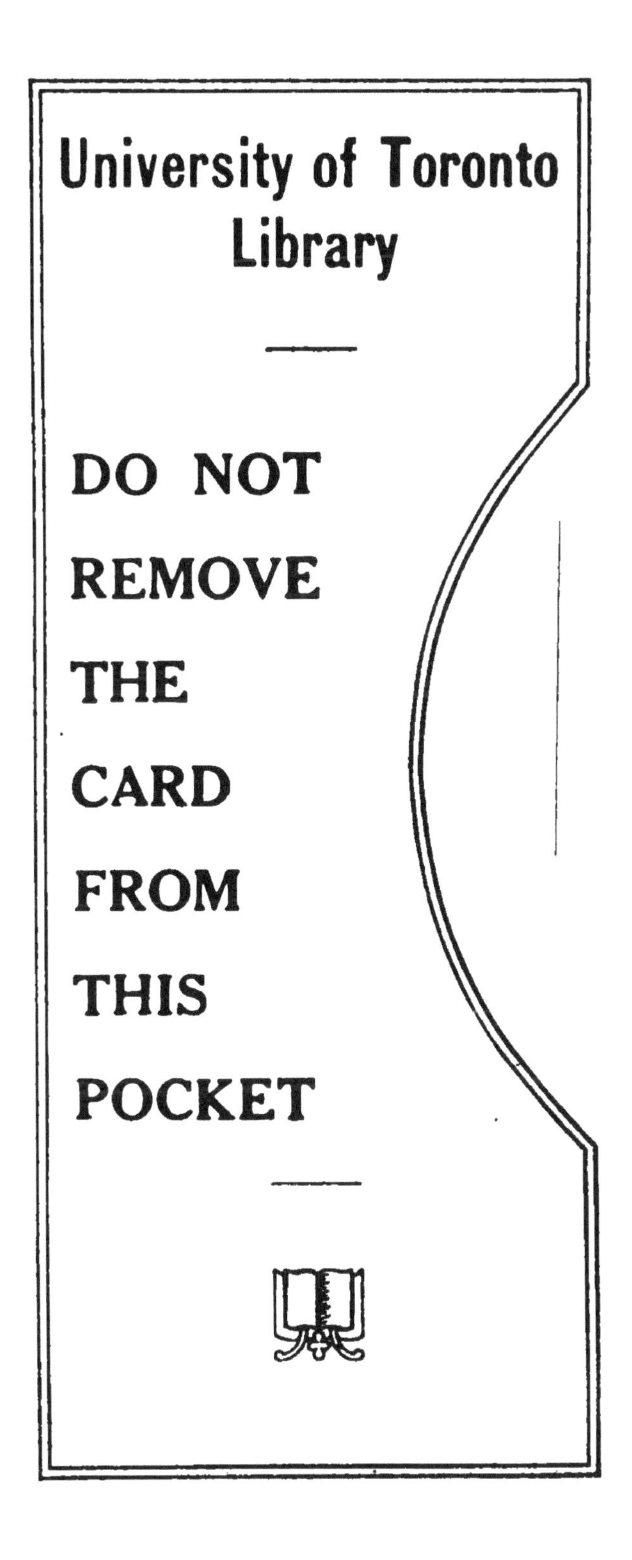

CPSIA information can be obtained
at www.ICGtesting.com
Printed in the USA
BVHW04s1047290618
520433BV00015B/562/P

9 781332 553365